まっくろ鳥とんだ

絵・ウエダキヨアキ ／ 文・ささきあい

Copyright © 2013 Ai Sasaki

All Rights Reserved. No part of these pages,
either text or image may be reproduced or transmitted in any form or any manner,
electronic or mechanical, including photocopying,
recording or by any information storage and retrieval system,
without permission in writing from the author.

To contact, please email : lovelyoreo@gmail.com

装丁　YOSHINOBU LEE

Printed in U.S.A
ISBN 978-1484018446

まっくろ鳥とんだ

絵・ウエダキヨアキ
文・ささきあい

まっくら森のまっくろ鳥は
まっくら闇にぽつんとひとり。
闇夜に生まれたまっくろ鳥は
朝日がのぼると眠りに落ちて
夕日がしずむと目を覚ます。

まっくろ鳥が起きてるあいだ

森のみんなは すやすやぐうぐう

夢のせかいへ 出かけてく。

だからいつも

まっくろ鳥はひとりぽっち。

さみしくてさみしくて

しくしくしくしく、泣いてばかり。

まっくろ鳥は夢の中で

森のみんなと 一緒に歌う。

きらきらさんさん 太陽のした

森のみんなと楽しくおどる。

だけどやっぱり 目を覚ますと
まっくろ鳥はひとりぼっち。
かなしくてかなしくて
しくしくしくしく、泣いてばかり。

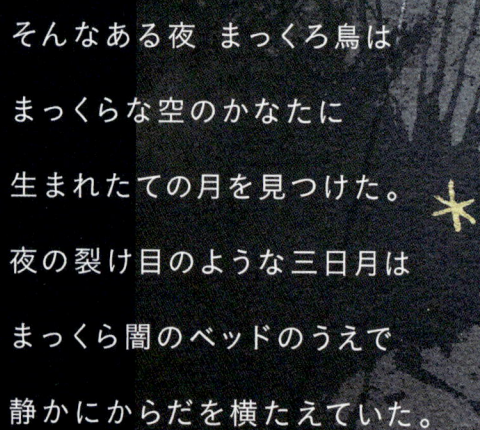

そんなある夜 まっくろ鳥は
まっくらな空のかなたに
生まれたての月を見つけた。
夜の裂け目のような三日月は
まっくら闇のベッドのうえで
静かにからだを横たえていた。

"きみはだれ？"
まっくろ鳥は聞いた。
銀の月はこたえない。
まっくろ鳥はひと晩じゅう
銀の月を見つめていた。
黙ったままの月はただ
その身にたたえた あわい光
まっくろ鳥にそっと触れた。

またある夜 まっくろ鳥は
まっくらな空のはずれに
前より大きな月を見つけた。
夜のポケットみたいな上弦の月は
まっくら闇のソファにもたれて
静かに星を眺めていた。

"また会ったね"
まっくろ鳥は言った。
銀の月はこたえない。
まっくろ鳥はひと晩じゅう
銀の月に話しかけた。
黙ったままの月はただ
その身にまとった やさしい光で
まっくろ鳥をふんわりつつんだ。

そのまたある夜 まっくろ鳥は
まっくらな空のうえに
ちょっぴり太った月を見つけた。
太陽のたまごみたいな十三夜月は
まっくら闇のカーテンの前で
静かに微笑んでいた。

"きみに逢えてうれしいよ"
まっくろ鳥は言った。
銀の月はこたえない。
まっくろ鳥はひと晩じゅう
銀の月に歌を聴かせた。
黙ったままの月はただ
その身にまとった まばゆい光で
まっくろ鳥を抱きしめた。

そしてある夜　まっくろ鳥は
まっくらな空のてっぺんに
ゆたかに満ちた月を見つけた。
まんまるまあるい満月は
まるで宇宙のはじまりみたいに
まっくら闇のヴェールを脱いで
静かにつよく、かがやいていた。

"きみがだいすきだよ"
まっくろ鳥は言った。
銀の月はこたえない。
だけどまっくろ鳥は知っていた。
ここに　月がいること。
ここに　光があること。
もう　ひとりぽっちじゃないこと。
こうして　まっくろ鳥のこころは
まるで目の前の月のように
欠けることなく　まあるく満ちた。
黙ったままの月はただ
天の向こうの光のつぶを
まっくろ鳥にさらさらそそいだ。

そのとき まっくろ鳥は見た。
光をうけて 闇に浮かぶ
うつくしい 銀色の羽を。
月の光とおんなじように
きらきらかがやく
じぶんのすがたを。

まっくろ鳥はしあわせだった。

生まれてはじめて しあわせだった。

かがやく羽をふるわせて

まっくろ鳥は月を見つめた。

月もまた なにも言わずに

まっくろ鳥を見つめていた。

そんなある夜 まっくろ鳥は
まっくらな空のうえに
昨日より小さくなった月を見つけた。
"どうしたの？"
まっくろ鳥は聞いた。
銀の月はこたえない。
月は黙ったまま
おぼろげなその光で
まっくろ鳥の翼をなでた。

またある夜 まっくろ鳥は

まっくらな空の向こうに

半分に欠けた月を見つけた。

"かなしいの？"

月は黙ったまま

はかなげなその光で

まっくろ鳥にほおずりした。

そのまたある夜 まっくろ鳥は

まっくらな空のかなたに

すっかりやせ細った月を見つけた。

"どこへ行くの？"

まっくろ鳥は聞いた。

月は黙ったまま

消え入りそうなその光で

まっくろ鳥にくちづけした。

月はそれきりいなくなった。

まっくらな夜のした

まっくろ鳥が見つけたのは

闇の色したじぶんのすがた。

だけど まっくろ鳥は泣いたりしない。

だって ほんとうのこと 知ったから。

月とおんなじ色した 銀の羽。

この羽を照らしてくれた 月の光。

見えなくても ここにある。

触れられなくても 満ちていく。

だからもう まっくら闇はこわくない。

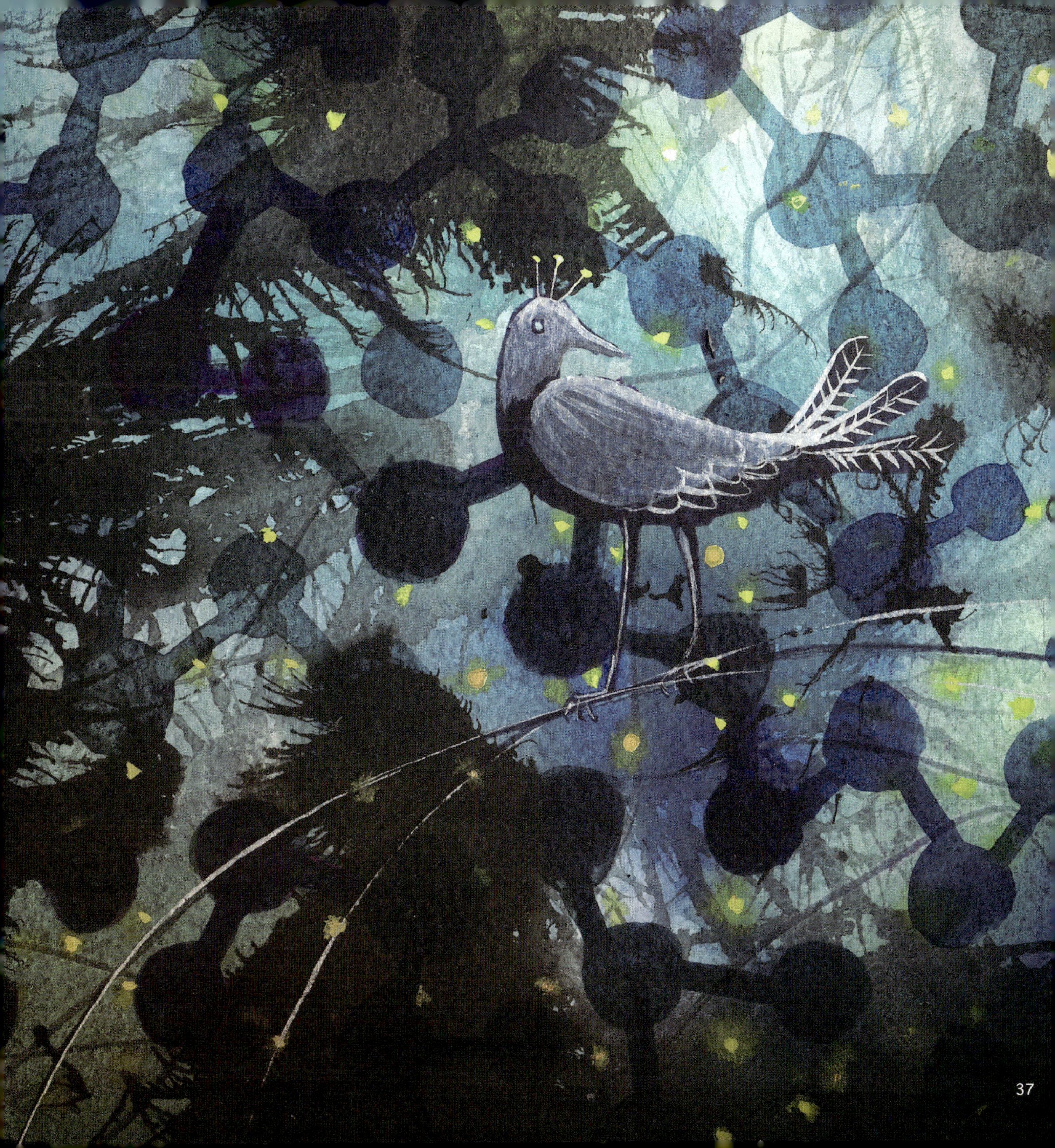

まっくろ鳥は飛び立った。
まっくらな夜を突き抜けて
銀の翼に風をうけて
まっくろ鳥は高く飛んだ。
やさしい月を探すために
天に向かって どこまでも高く。

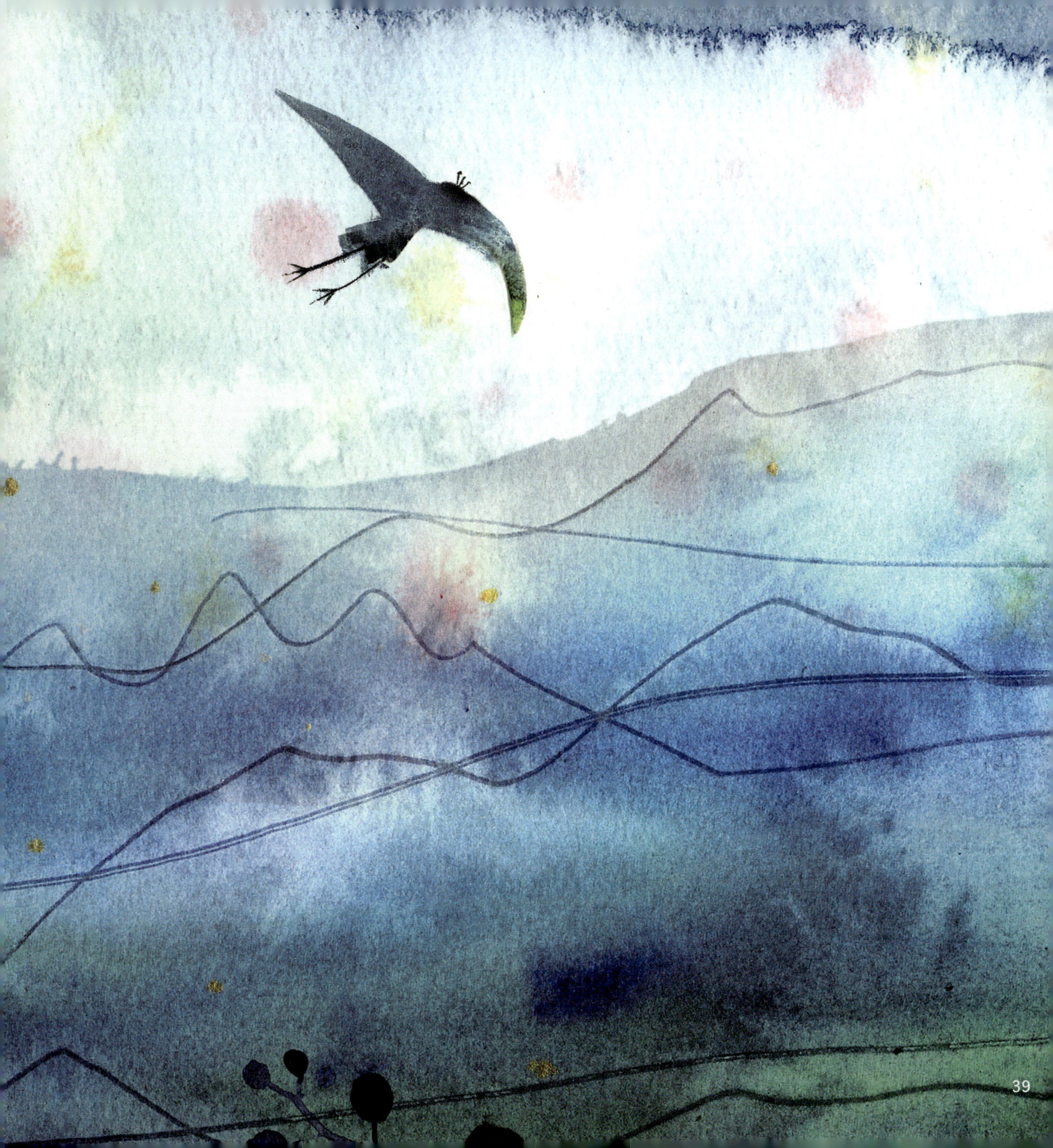

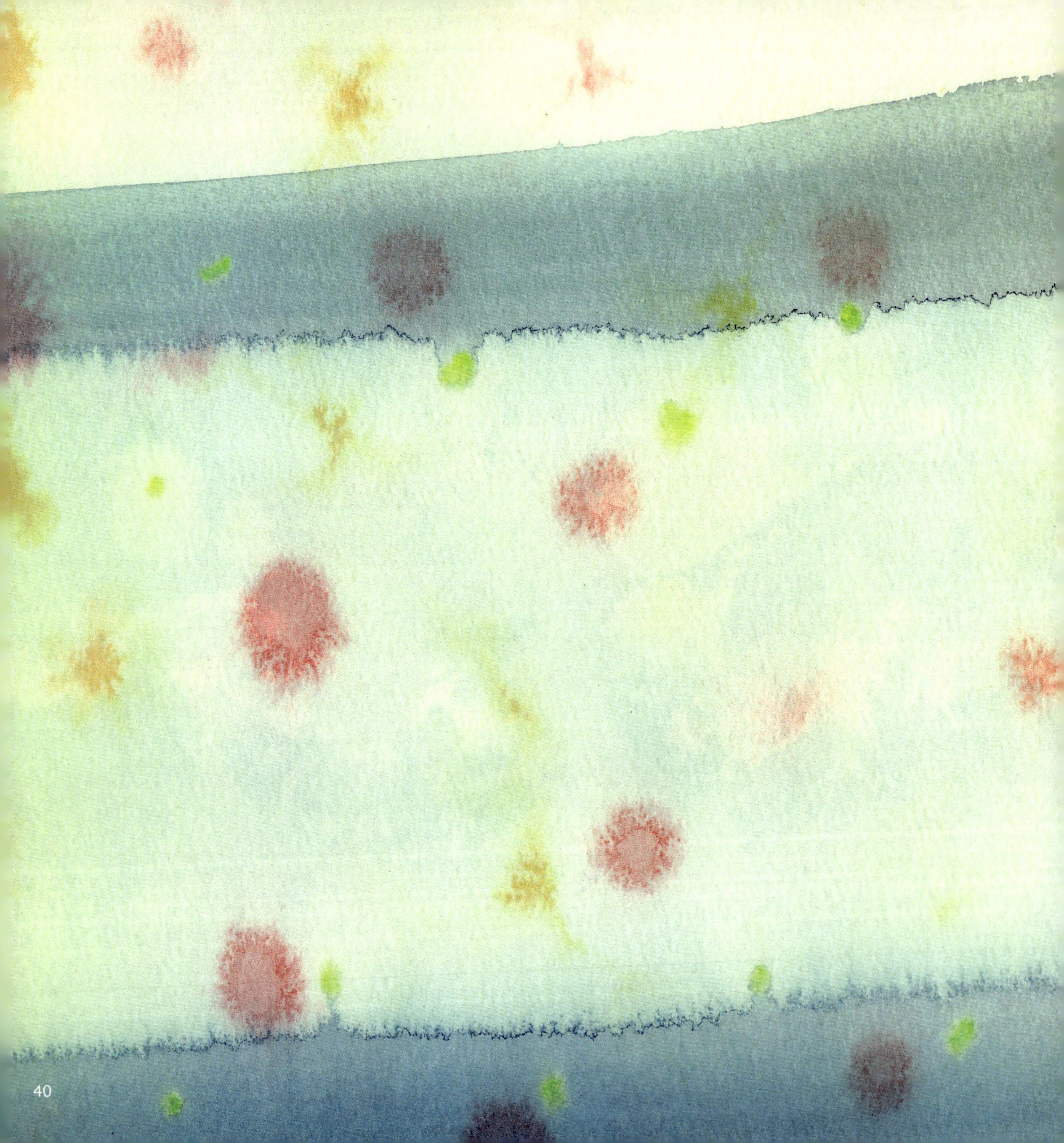

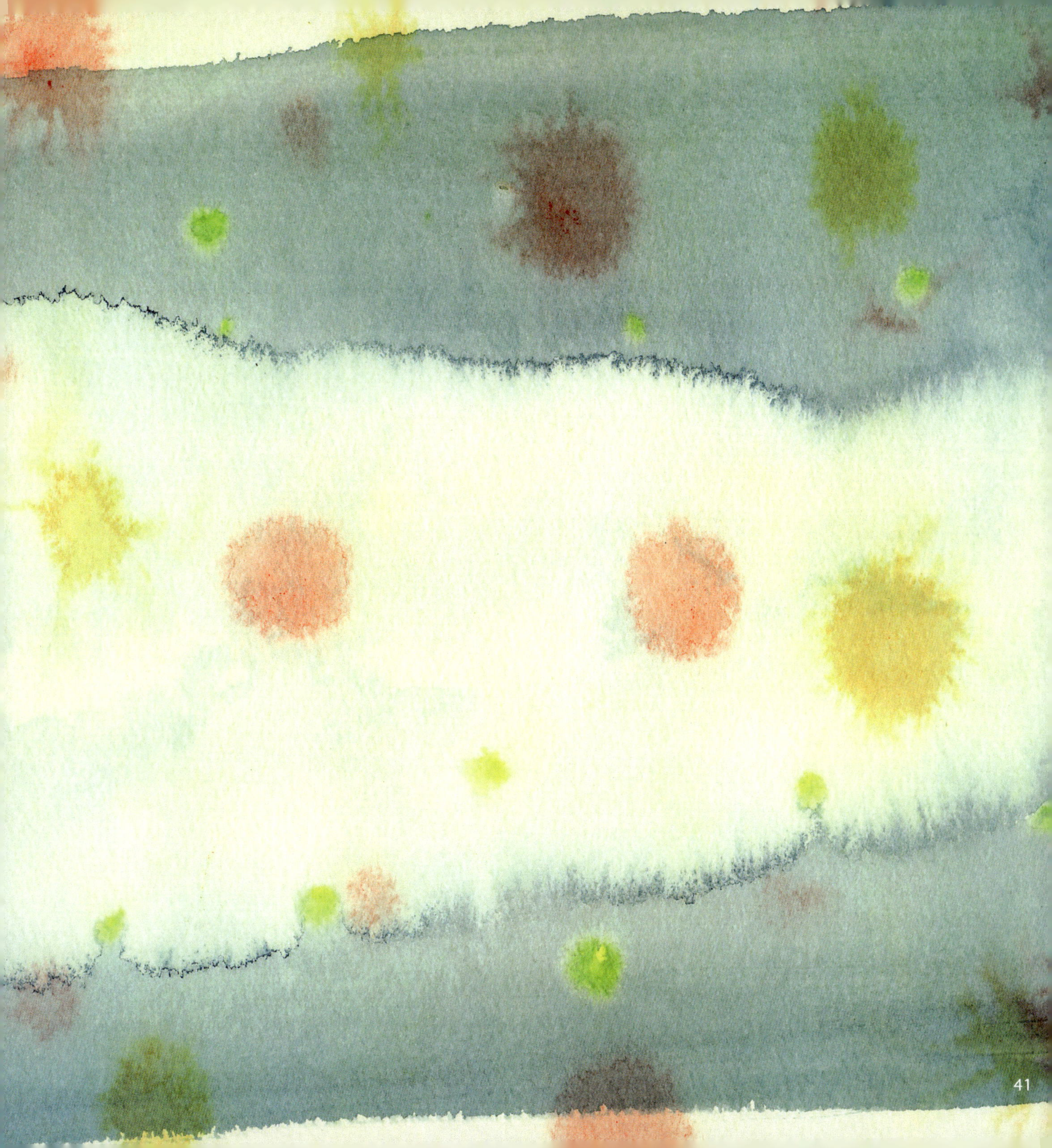

月が生まれて満ちるたび

宇宙に浮かぶ星のそば

月とおんなじ色をした

まばゆい銀の鳥が飛ぶ。

その鳥がなぜ

まっくろ鳥と呼ばれていたのか

もう 誰も知らない。

43

Special thanks to

Lee san, Minory, Sam, everyone on the earth,
and everything in the universe ♡

Made in the USA
Charleston, SC
14 September 2013